Impressum

Verlag: BABADADA GmbH, Nedderfeld 112 , 22529 Hamburg

Geschäftsführer / Verlagsleitung: Harald Hof

Druck: Books on Demand GmbH, In de Tarpen 42, 22848 Norderstedt

Imprint

Publisher: BABADADA GmbH, Nedderfeld 112 , 22529 Hamburg, Germany

Managing Director / Publishing direction: Harald Hof

Print: Books on Demand GmbH, In de Tarpen 42, 22848 Norderstedt, Germany

sekolah

ትምህርት ቤት

bilik darjah
መማሪያ ክፍል
bahagi
ማካፈል
186/2
papan
ሰሌዳ
laman/taman sekolah
guru
መምህር
kertas
ወረቀት
tulis
መፃፍ
pen
እስክሪብቶ
meja
መፃፊያ ጠረጴዛ
pembaris
ማስመሪያ
buku
መጽሐፍ
murid
ተማሪ

beg galas

የጀርባ ቦርሳ

kotak pensel

የእርሳስ መያዣ

pensel

እርሳስ

pengasah pensel

የእርሳስ መቅረጫ

pemadam

ላጲስ

kertas lukisan

የስዕል ደብተር

melukis

ስዕል

berus lukis

የቀለም ብሩሽ

kotak warna

የቀለም ሳጥን

gunting

መቀስ

gam

ማጣበቂያ

buku latihan

መልመጃ ደብተር

kerja rumah

የቤት ስራ

12

nombor

ቁጥር

2+2

tambah

መደመር

5-2

tolak

መቀነስ

2×2

darab

ማባዛት

kira

ቁጥሮችን ማስላት

A

huruf

ደብዳቤ

ABCDEFG
HIJKLMN
OPQRSTU
VWXYZ

abjad

ፊደላት

kata

ቃል

teks

ፅሑፍ

baca

ማንበብ

kapur

ጠመኔ

pelajaran

ትምህርት

daftar

ምዝገባ

peperiksaan

ፈተና

sijil

ሰርተፊኬት

uniform sekolah

የትምህርት ቤት የደንብ ልብስ

pendidikan

ትምህርት

ensiklopedia

አዉደ ጥበብ

universiti

ዩኒቨርስቲ

mikroskop

የምርምር አጉሊ መሳርያ

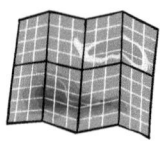

peta

ካርታ

bakul sampah

የቆሻሻ ወረቀት መጣያ ቅርጫት

hotel
ሆቴል
Grand
asrama
ማረፊያ ቤት
ROOMS
pejabat tukaran mata wang
የውጭ ገንዘብ ምንዛሪ ቢሮ
CHANGE
beg pakaian
ልብስ መያዣ ሻንጣ
kereta
መኪና

bahasa

ቋንቋ

ya / tidak

አዎ/ አይደለም

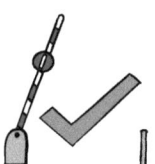

okey

እሺ

helo

ሰላም

penterjemah

አስተርጓሚ

Terima kasih

አመሰግናለሁ

berapa banyak...?

ስንት ነዉ.......?

saya tidak faham

አልገባኝም

masalah

እክል

Selamat petang!

እንደምን አመሹ!

Selamat Pagi!

እንደምን አደሩ!

Selamat Malam!

መልካም ምሽት!

selamat tinggal

ደህና ይሰንብቱ

arah

አቅጣጫ

bagasi

ሻንጣ

beg

ቦርሳ

beg galas

የጀርባ ቦርሳ

tetamu

እንግዳ

bilik tidur

ክፍል

beg tidur

የመተኛ ቦርሳ

khemah

ድንኳን

maklumat pelancong

....

የጎብኚዎች መረጃ

pantai

....

የባህር ዳርቻ

kad kredit

....

ክሬዲት ካርድ

sarapan

....

ቁርስ

makan tengah hari

....

ምሳ

makan malam

....

እራት

tiket

....

ቲኬት

lif

....

አሳንሰር

setem

....

ማህተም

sempadan

....

ድንበር

kastam

....

ባህሎች

kedutaan

....

ኤምባሲ

visa

....

ቪዛ/የይለፍ ወረቀት

pasport

....

ፓስፖርት

pengangkutan

መጓጓዣ

kapal terbang
አዉ ፕላን
kapal
መር ብ
kereta bomba
የእሳት አደጋ
መኪና
bas
አዉቶብስ
trak
የጭነት መኪና
motobot
የሞተር ጀልባ
basikal
ብስ ሌት
kereta
መኪና

feri

የማመላለሻ ጀልባ

bot

ጀልባ

motosikal

የሞተር ብስ ሌት

kereta polis

የፖሊስ መኪና

kereta lumba

የዉድድር መኪና

kereta sewa

የኪራይ መኪና

berkongsi kereta

የመኪና መጋራት

trak tunda

ጎታች መኪና

trak menolak

የቆሻሻ ጭነት መኪና

motor

ሞተር

bahan api

ነዳጅ

stesen minyak

የቤንዚን ማደያ

tanda trafik

የመንገድ ምልክት

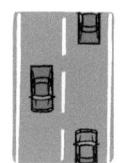

trafik

የመኪኖች እንቅስቃሴ

kesesakan lalu lintas

የመኪና መጨናነቅ

tempat parkir

የመኪና ማቆሚያ

stesen kereta api

የባቡር ጣቢያ

trek

የባቡር ሀዲዶች

kereta api

ባቡር

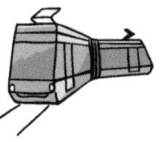

trem

የኤሌክትሪክ ባቡር

gerabak

ሰረገላ

helikopter

ሄሊኮፕተር

lapangan terbang

አየር ማረፊያ

Menara

ማማ

penumpang

መንገደኛ

bekas

ማስቀመጫ፤ ማጠራቀሚያ

kadbod

ካርቶን እቃ ማሸጊያ

kart

ጋሪ፤ ተሳቢ

bakul

ቅርጫት

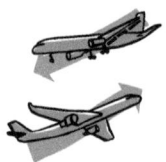

berlepas / mendarat

መነሳት/ ማረፍ

bandar

ከተማ

kampung

መንደር

pusat bandar

የከተማ ማዕከል

rumah

ቤት

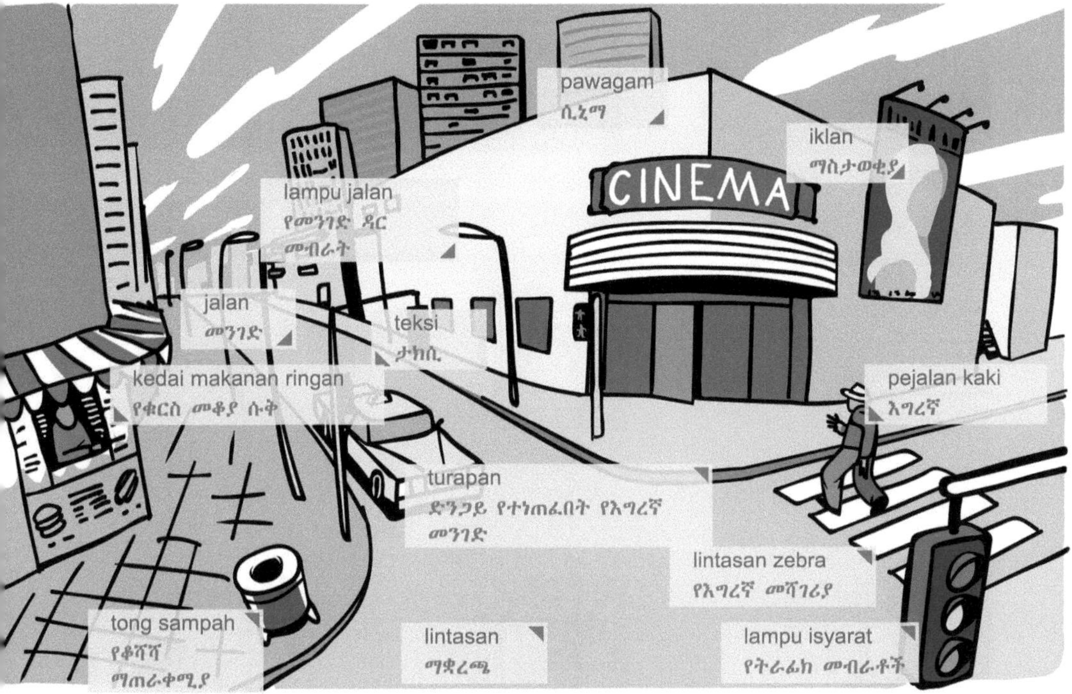

pawagam
ሲኒማ

iklan
ማስታወቂያ

lampu jalan
የመንገድ ዳር
መብራት

jalan
መንገድ

teksi
ታክሲ

kedai makanan ringan
የቁርስ መቆያ ሱቅ

pejalan kaki
እግረኛ

CINEMA

turapan
ድንጋይ የተነጠፈበት የእግረኛ
መንገድ

lintasan zebra
የእግረኛ መሻገሪያ

tong sampah
የቆሻሻ
ማጠራቀሚያ

lintasan
ማቋረጫ

lampu isyarat
የትራፊክ መብራቶች

pondok

ጎጆ

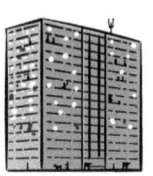

flat

አፓርታማ

stesen kereta api

የባቡር ጣቢያ

dewan bandar

የከተማ አዳራሽ

muzium

ቤተ መዘክር

sekolah

ትምህርት ቤት

universiti

ዩኒቨርስቲ

bank

ባንክ

hospital

ሆስፒታል

hotel

ሆቴል

farmasi

መድሐኒት ቤት

pejabat

ቢሮ

kedai buku

መፅሐፍ መሸጫ

kedai

ሱቅ

kedai bunga

የአበባ መሸጫ

pasar raya

የሸቀጣ ሸቀጥ መደብር

pasaran

ገበያ ስፍራ

gedung

መደብር

penjual ikan

የዓሳ ነጋዴ

pusat membeli-belah

የገበያ ማዕከል

pelabuhan

ወደብ

taman

መናፈሻ ቦታ

bangku

አግዳሚ ወንበር

jambatan

ድልድይ

tangga

ደረጃዎች

bawah tanah

ዉስጥ ለዉስጥ

terowong

ዋሻ

hentian bas

የአዉቶቡስ ፌርማታ

bar

ባር

restoran

ምግብ ቤት

peti surat

የፖስታ ሳጥን

papan tanda jalan

የመንገድ ምልክት

meter parkir

የመኪና ማቆሚያ ሒሳብ የሚያሰላ
ማሽን

zoo

የደር እንስሳት ማቆያ

kolam renang

የመዋኛ ገንዳ

masjid

መስጊድ

ladang

እርሻ

pencemaran

የሚበክል ነገር

tanah perkuburan

መቃብር ስፍራ

gereja

ቤተ ክርስቲያን

taman permainan

መጫወቻ ሜዳ

kuil

ቤተ መቅደስ

landskap

መልክዓምድር

daun
ቅጠል
tiang tanda
የመንገድ ላይ ምልክት
jalan
መንገድ
padang rumput
አረንጓዴ መስክ
batu
ድንጋይ
pokok
ዛፍ
pejalan kaki
በእግሩ የሚጓ
sungai
ወን
rumput
ሳር
bunga
አበባ

lembah

ሸለቆ

bukit

ኮረብታ

tasik

ሀይቅ

hutan

ጫካ

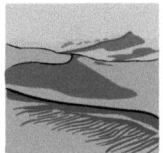

padang pasir

ረሃ

gunung berapi

እሳተ ገሞራ

istana

ግምብ

pelangi

ቀስተ ዳመና

cendawan

እንጉዳይ

pokok kelapa sawit

የቴምብር ዛፍ/ ዘንባባ

nyamuk

ቢንቢ/ የወባ ትንኝ

terbang

ራሪ

semut

ጉንዳን

lebah

ንብ

labah-labah

ሸረሪት

kumbang

ጢንዚዛ

katak

እንቁራሪት

tupai

ሽኮኮ

landak

ጃርት

arnab

ጥንቸል

burung hantu

ጉጉት ወፍ

burung

ወፍ

angsa

የዉሃ ዳክዬ

babi jantan

ከርከሮ

rusa

አጋዘን

moose

አጋዘን

empangan

ግድብ

turbin angin

በነፋስ የሚሽከረከር

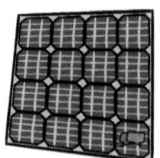

panel solar

የፀሀይ ፓኔሎ

iklim

አየር ንብረት

pelayan
አስተናጋጅ
menu
ማዉጫ
kerusi
ወንበር
sup
ሾርባ
piza
ፒዛ
alas meja
የጠረጴዛ ጨርቅ
kutleri

pemula

የምግብ ፍላጎትን የሚከፍት ምግብ

hidangan utama

ዋና ምግብ

pencuci mulut

ማጣጣሚያ ተከታይ ምግብ

minuman

መጠጦች

makanan

ምግብ

botol

ጠርሙስ

makanan segera

ፈጣን ምግብ

makanan jalanan

የመንገድ ምግብ

teko

የሻይ ማንቆርቆሪያ

mangkuk gula

የስኳር እቃ

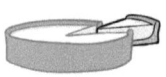

bahagian

ድርሻ

mesin espreso

የቡና ማፊያ ማሽን

kerusi tinggi

ባለጌ ወንበር

bil

የክፍያ ደረሰኝ

dulang

ትሪ

pisau

ቢላዋ

garfu

ሹካ

sudu

ማንኪያ

sudu teh

የሻይ ማንኪያ

serviette

ልብስ ምግብ እንዳይነካ የሚረዳ ጨርቅ

gelas

ብርጭቆ

pinggan

....

ዝርግ ሰሀን

mangkuk sup

....

የሾርባ ጎድጓዳ ሰሀን

piring

....

የስኒ ማስቀመጫ

sos

....

ማጣፈጫ ስጎ

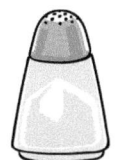

tempat garam

....

የጨዉ እቃ

pengisar lada

....

የተፈጨ ቃሪያ

cuka

....

ኮምጣጤ

minyak

....

የምግብ ዘይት

rempah

....

ቀመማ ቅመሞች

sos

....

የቲማቲም ድልህ

mustard

....

ሰናፍጭ

mayones

....

ማዮኒዝ

pasar raya
የሸቀጣ ሸቀጥ መደብር

tawaran istimewa
ልዩ አቅራቦት
FOR
pelanggan
ደምበኛ
tenusu
የወተት ተዋፅዖ
buah-buahan
ፍራፍሬ
troli
ባለ ጎማ የእጅ ጋሪ

tukang daging

ሉካንዳ ነጋዴ

kedai roti

መጋገርያ

berat

ክብደት መመዘን

sayur-sayuran

ቅጠላ ቅጠል አትክልት

daging

ስጋ

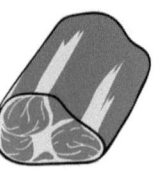

makanan sejuk beku

የቀዘቀዘ/የረጋ ምግብ

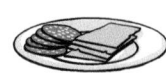

daging sejuk

....

ቀዝቃዛ ቁራጭ

makanan dalam tin

....

የታሸገ ምግብ

serbuk pencuci

....

የማጠቢያ ዱቄት

gula-gula

....

ጣፋጮች

produk isi rumah

....

የቤት ዉስጥ ዉጤቶች

produk pembersihan

....

የፅዳት ምርቶች

orang jualan

....

የሽያጭ ባለሙያ

daftar tunai

....

የገንዘብ መመዝቢያ ማሽን

juruwang

....

የሒሳብ ሰራተኛ

senarai membeli-belah

....

የግዢ ዝርዝር

waktu pembukaan

....

ክፍት ሰዓታት

beg duit

....

የኪስ ቦርሳ

kad kredit

....

ክሬዲት ካርድ

beg

....

ቦርሳ

beg plastik

....

የፕላስቲክ ቦርሳ

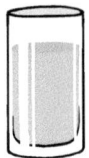

minuman

መጠጦች

air

ውሃ

jus

ጭማቂ

susu

ወተት

kola

ኮካ-ኮላ

wain

ወይን

bir

ቢራ

alkohol

አልኮል

koko

ኮካ

the

ሻይ

kopi

ቡና

espreso

የተፈላ ቡና

kapucino

ካፑቺኖ

pisang

....

ሙዝ

epal

....

ፖም

oren

....

ብርቱካን

tembikai

....

ሀብሀብ

lemon

....

ሎሚ

lobak merah

....

ካሮት

bawang putih

....

ነጭ ሽንኩርት

buluh

....

ሸምበቆ

bawang

....

ቀይ ሽንኩርት

cendawan

....

እንጉዳይ

kacang

....

ለዉዝ

mi

....

የህፃናት ምግብ

spageti

ፓስታ

nasi

ሩዝ

salad

ሰላጣ

kerepek

የድንች ጥብስ

kentang goreng

ድንች ጥብስ

piza

ፒዛ

hamburger

ዳቦ ዉስጥ በስሱ ተጠብሶ የገባ ስጋ

sandwic

ሳንድዊች

kutlet

ጥሬ ስጋ

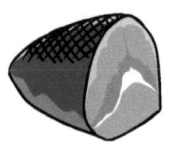

ham

የአሳማ ስጋ

salami

በቅመምና በጨዉ የታሸ ምግብ ቀዝቅዞ የሚበላ ሾርባ ምግብ

sosej

ቋሊማ

ayam

ዶሮ

panggang

ጥብስ

ikan

አሳ

bubur oat

የአጃ ገንፎ

muesli

ከወተት ጋር ተደባልቀዉ የሚበሉ
ምግቦች

emping jagung

የበቆሎ ቅርፊት

tepung

ዱቄት

kroisan

ኩራሳ

roti roll

ድብልብል ዳቦ

roti

ዳቦ

roti bakar

መጥበስ

biskut

ብስኩት

mentega

ቅቤ

dadih

እርጎ

kek

ኬክ

telur

እንቁላል

telur goreng

እንቁላል ጥብስ

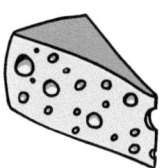

keju

አይብ

ais krim

የበረዶ ክሬም

gula

ስኳር

madu

ማር

jem

ማርማላት

krim nougat

የተናጠ የወተት ክሬም

kari

ማጣፈጫ

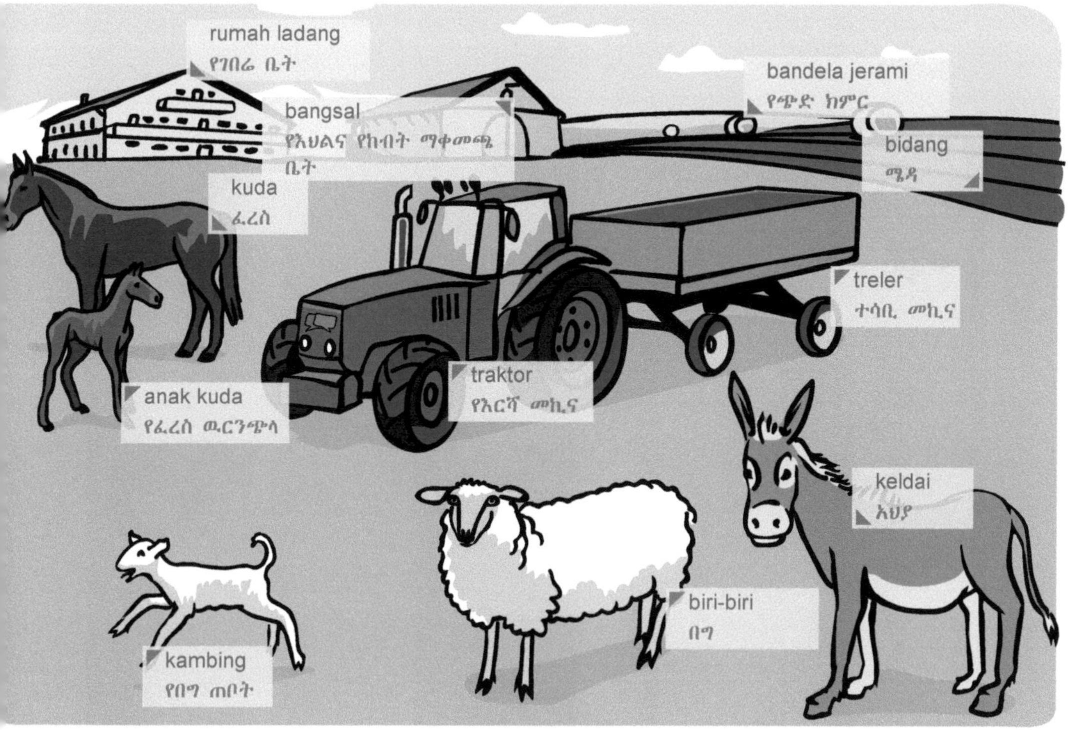

rumah ladang
የገበሬ ቤት
bangsal
የእህልና የከብት ማቀመጫ ቤት
bandela jerami
የጭድ ክምር
bidang
ሜዳ
kuda
ፈረስ
treler
ተሳቢ መኪና
traktor
የእርሻ መኪና
anak kuda
የፈረስ ዉርንጭላ
keldai
አህያ
biri-biri
በግ
kambing
የበግ ጠቦት

kambing

ፍየል

lembu

ላም

anak lembu

ጥጃ

babi

አሳማ

anak babi

ግልገል አሳማ

lembu

ኮርማ

ladang - እርሻ 27

angsa

ዝይ

itik

ዳክዬ

anak ayam

የዶሮ ጫጩት

ayam betina

ዶር

ayam jantan muda

አዉራ ዶሮ

tikus

አይጥ

kucing

ደድመት

tikus

አይጥ

lembu jantan

በሬ

anjing

ዉሻ

rumah anjing

የዉሻ ቤት

hos taman

የአትክልት ቦታ

bekas siraman

ዉሃ ማጠጫ ባልዲ

sabit

ረጅም ማጭድ

bajak

ማረሻ

sabit

ማጭድ

cangkul

መኮትኮቻ

serampang peladang

የእህል መንሽ

kapak

መጥረቢያ

kereta sorong

ኩርኩር/ የእጅ ጋሪ

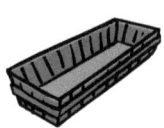

palung

ገንዳ

tin susu

የወተት ዕቃ

karung

ጆንያ ከረጢት

pagar

አጥር

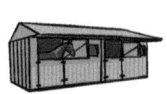

stabil

የፈረስ ጋጣ

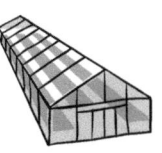

rumah hijau

ዕፅዋት ማሳደጊያ የመስታዉት
ቤት

tanah

አፈር

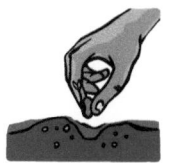

benih

ዘር

baja

የመሬት ማዳበሪያ

jentuai

ጥምር ማረሻ

ladang - እርሻ

tuai

አዝመራ መሰብሰብ

menuai

አዝመራ

keladi

ድንች

gandum

ስንዴ

soya

ሶያ

kentang

ድንች

jagung

በቆሎ

biji sawi

የከብት መኖ

pokok buah-buahan

የፍሬ ዛፍ

ubi kayu

የካሳቫ ዛፍ

bijirin

እህል

rumah

ቤት

cerobong
የጪስ ማዉጫ
atap
ጣራ
penurun
tetingkap
መስኮት
garaj
ጋራዥ
loceng pintu
የበር ደወል
pintu
በር
tong sampah
የቆቆሻሻ ማጠራቀሚያ
peti surat
ፖስታ ሳጥን
taman
የአትክልት ቦታ

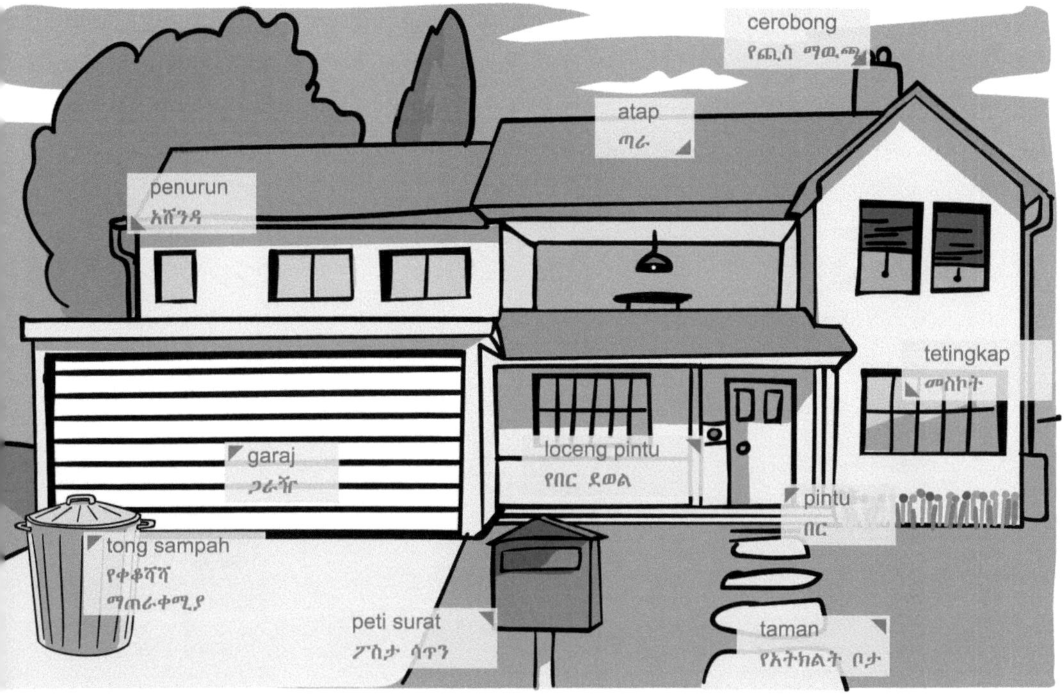

ruang tamu

ሳሎን

bilik air

መታጠቢያ ቤት

dapur

ማድቤት

bilik tidur

መኝታ ቤት

bilik kanak-kanak

የልጅ ክፍል

ruang makan

መመገቢያ ክፍል

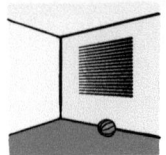

lantai

ወለል

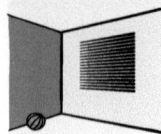

dinding

ግድግዳ

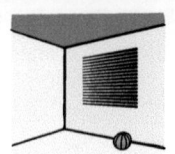

siling

ጣሪያ

bilik bawah tanah

ምድር ቤት

sauna

በእንፋሎት ሙቀት መታጠቢያ ቤት

balkoni

ሰገነት

teres

ከፍ ያለ መደብ

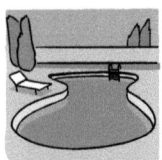

kolam renang

የመዋኛ ገንዳ

pemotong rumput

የማጨጃ መኪና

lembaran

አንሶላ

penutup tilam

የአልጋ ልብስ

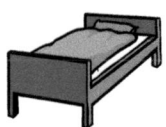

katil

አልጋ

penyapu

መጥረጊያ

timba

ባልዲ

suis

ማብሪያና ማጥፊያ

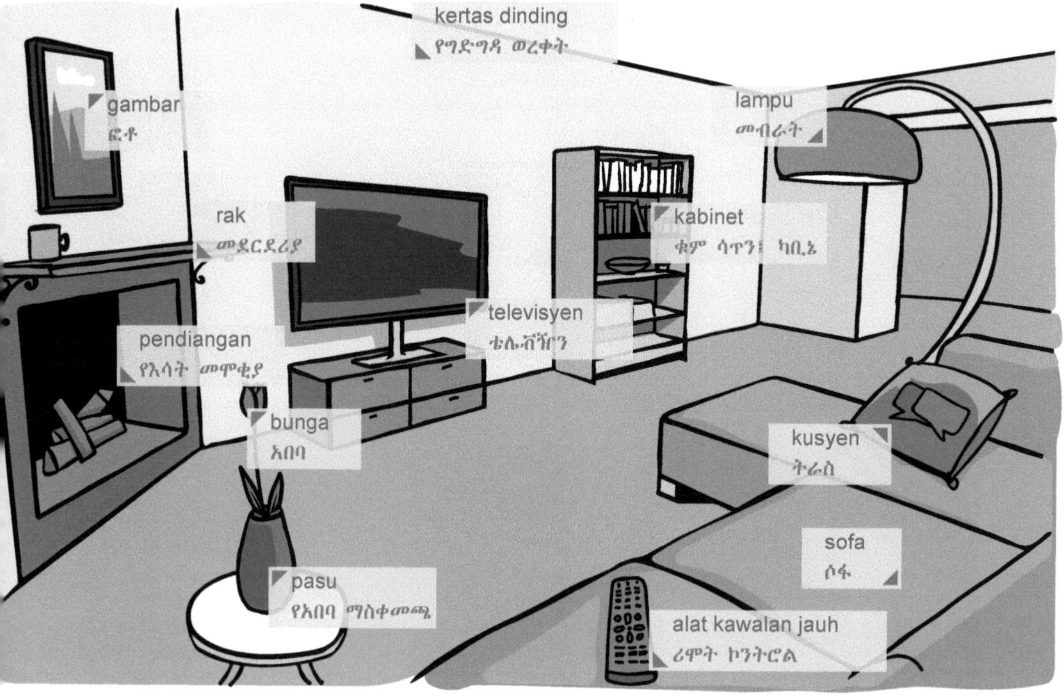

kertas dinding
የግድግዳ ወረቀት

gambar
ፎቶ

lampu
መብራት

rak
መደርደሪያ

kabinet
ቁም ሳጥን፤ ካቢኔ

televisyen
ቴሌቪዥን

pendiangan
የእሳት መሞቂያ

bunga
አበባ

kusyen
ትራስ

sofa
ሶፋ

pasu
የአበባ ማስቀመጫ

alat kawalan jauh
ሪሞት ኮንትሮል

permaidani

ንጣፍ

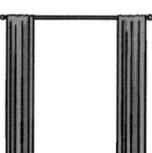

tirai

መጋረጃ

meja

ጠረጴዛ

kerusi

ወንበር

kerusi malas

ተወዛዋዥ ወንበር

kerusi

ባለመደገፊያ ወንበር

buku

መጽሐፍ

selimut

ብርድ ልብስ

hiasan

ጌጥ

kayu api

ማገዶ

filem

ፊልም

hi-fi

የሙዚቃ መማጫወቻ

kunci

ቁልፍ

akhbar

ጋዜጣ

lukisan

ስዕል

poster

የተለጠፈ ማስታወቂያ እንደ ስዕል

radio

ራዲዮ

buku catatan

ማስታወሻ ደብተር

penyedut habuk

የአየር ማፅጃ ለምንጣፍ

kaktus

ቁልቋል

lilin

ሻማ

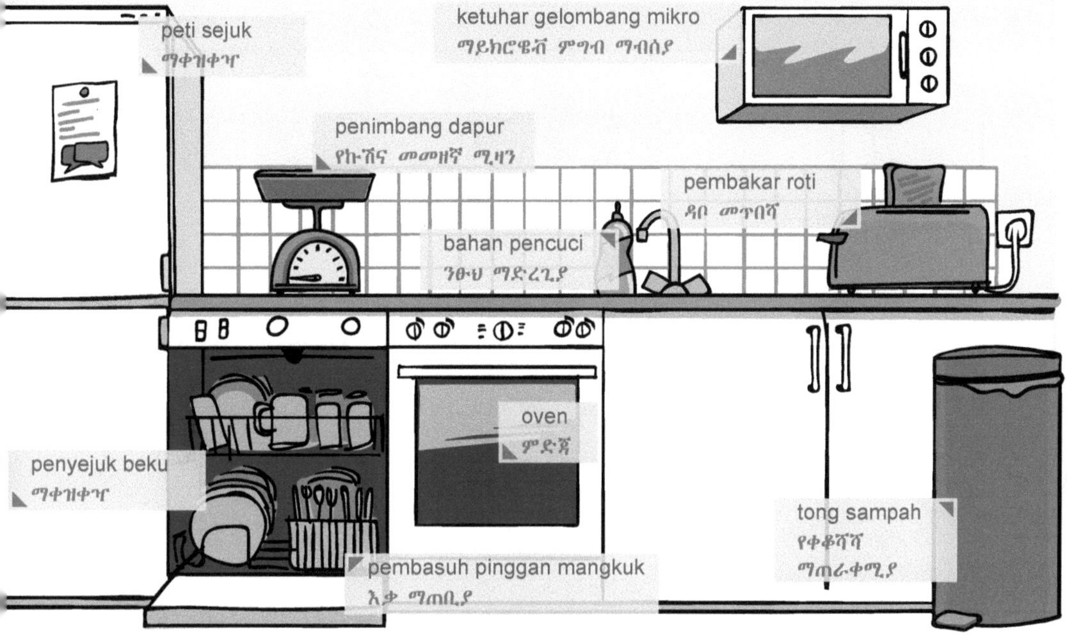

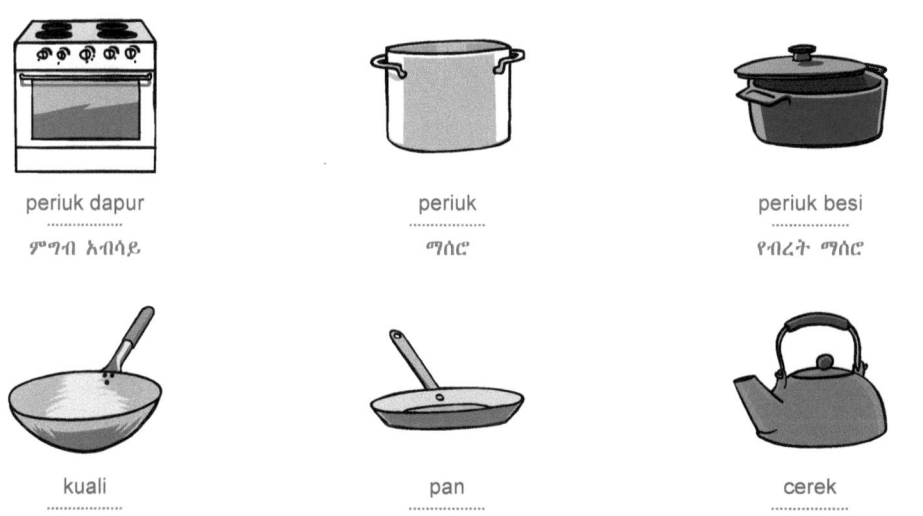

dapur

ማድቤት

peti sejuk
ማቀዝቀዣ
ketuhar gelombang mikro
ማይክሮዌቭ ምግብ ማብሰያ
penimbang dapur
የኩሽና መመዘኛ ሚዛን
pembakar roti
ዳቦ መጥበሻ
bahan pencuci
ንፁህ ማድረጊያ
oven
ምድጃ
penyejuk beku
ማቀዝቀዣ
tong sampah
የቆሻሻ
ማጠራቀሚያ
pembasuh pinggan mangkuk
እቃ ማጠቢያ

periuk dapur

ምግብ አብሳይ

periuk

ማሰሮ

periuk besi

የብረት ማሰሮ

kuali

ምግብ ማብሰያ ዝርግ ድስት

pan

የምግብ መጥበሻ

cerek

ማንቆርቆሪያ

pengukus

የእንፋሎት ማብሰያ

dulang pembakar

የመጋገሪያ ትሪ

pinggan mangkuk

ሰብሰቦች

koleh

ትልቅ ኩባያ

mangkuk

ጎድጓዳ ሳህን

penyepit

ቾፕስቲክስ

senduk

ጭልፋ

spatula

መሰቅሰቂያ ዝርግ ማንኪያ

pengadun

ማደባለቂያ

penapis

መወጠሪያ

ayak

ወንፊት

pemarut

መፈርፈሪያ መሳሪያ

mortar

ሲሚንቶ

barbeku

የፍም ጥብስ

pembakaran terbuka

የተለቀቀ እሳት

papan pencincang

መክተፊያ

pin golekan

ተንሸራታች መርፌ

skru gabus

የጠርሙስ መክፈቻ

tin

ጣሳ

pembuka tin

የጣሳ መክፈቻ

pemegang periuk

የማሰሮ መሸፈኛ

sinki

ሳህን ማጠቢያ

berus

ብሩሽ

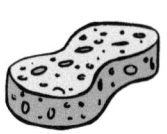

span

ስፖንጅ

pengisar

መደባለቂያ መሳሪያ

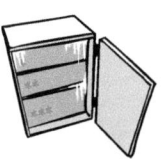

penyejuk beku

በጣም ማቀዝቀዣ

botol bayi

ጡጦ

paip

ቧንቧ

bilik air

መታጠቢያ ቤት

mandi
መታጠቢያ
tuala
ፎጣ
tirai mandi
የመታጠቢያ ቤት መጋረጃ
mandi buih
የአረፋ መታጠቢያ
tab mandi
የመታጠቢያ ገንዳ
gelas
ብርጭቆ
mesin basuh
የልብስ ማጠቢያ
paip
ቧንቧ
jubin
ማዕዘን ወለል
tandas
ፖፖ
sinki
ሳህን ማጠቢያ

tandas

ሽንት ቤት

tandas mencangkung

የሽንት ቤት መቀመጫ

mangkuk tandas

ሳፋ

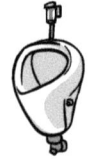

tandas awam

የመንገድ ዳር መሽኛ

kertas tandas

የሽንት ቤት ወረቀት

berus tandas

የሽንት ቤት ማፅጃ ብሩሽ

berus gigi

የጥርስ ብሩሽ

ubat gigi

የጥርስ ሳሙና

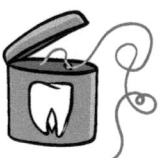

flos gigi

የጥርስ ማፅጃ ክር

cuci

መታጠብ

mandian tangan

የእጅ መታጠቢያ

pancuran

መታጠቢያ

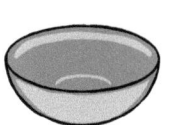

besen

ጎድጓዳ ሳህን

belakang berus

የጀርባ ብሩሽ

sabun

ሳሙና

gel mandian

የመታጠቢያ የሚዝለገለግ ሳሙና

syampu

የፀጉር መታጠቢያ ሳሙና

flanel

ለስላሳ ጨርቅ

longkang

ፍሳሽ

krim

ክሬም

deodoran

ጠረን መቀየሪያ ንጥረ ነገር

cermin

መስታወት

cermin tangan

የእጅ መስታወት

pisau cukur

ምላጭ

busa cukur

የመላ አረፋ

selepas cukur

ከመላጨት በኋላ የሚቀባ ሽቱ

sikat

ማበጠሪያ

berus

ብሩሽ

pengering rambut

የፀጉር ማድረቂያ

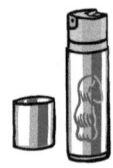

semburan rambut

በፀጉር ላይ የሚነፋ

mekap

የፊት መቀባቢያ

gincu

የከንፈር ቀለም

varnis kuku

የጥፍር ቀለም

bulu kapas

የጥጥ ሱፍ

gunting kuku

ጥፍር መቁረ

pewangi

ሽቶ

beg basuhan

ማጠቢያ ባልዲ

bangku

መቀመጫ

skala berat

ሚዛን

jubah mandi

የመታጠቢያ ልብስ

sarung tangan getah

የላስቲክ ጓንት

kapas

ሞዴስ

tuala wanita

የፅዳት ፎጣ

tandas kimia

የሽንት ቤት ኬሚካል

bilik kanak-kanak

የልጅ ክፍል

jam loceng
የማንቂያ ደዉል ሰዐት
mainan kegemaran
የህፃን አሻንጉሊት
kereta mainan
የመጫወቻ መኪና
kerincing bayi
ማንገጫገጫ መጫወቻ
rumah anak patung
የአሻንጉሊት ቤት
hadiah
ስጦታ

belon

ፊኛ

katil

አልጋ

kereta sorong bayi

የህፃን ማንሸራሸሪያ ጋሪ

set kad

የካርታ መጫወቻ

susun suai gambar

ቁርጥራጭ ምስሎችን የማገጣጠም
እና ምስል የማግኘት ጨዋታ

komik

አዝናኝ

batu bata lego

ተገጣጣሚ መጫወቻ

blok mainan

የመጫወቻ መገጣጠሚያዎች

figura aksi

የድርጊት ምስል

baju bayi

የህፃን እድገት

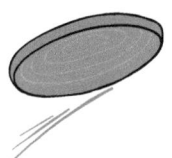

frisbee

የፕላስቲክ መጫወቻ ዝርግ ሰሀን

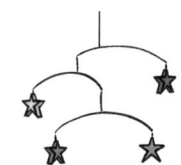

mainan bayi mudah alih

ተወዛዋዥ የህፃን ማጫወቻ

permainan papan

የሰሌዳ ጨዋታ

dadu

የመጫወቻ ጠጠር

set model kereta api

የመጫወቻ ባቡር

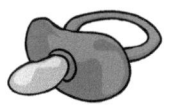

palsu

የእንጀራ እናት ጡጦ

parti

ድግስ

buku bergambar

የስዕል መፅሀፍ

bola

ኳስ

anak patung

አሻንጉሊት

main

መጫወት

lubang pasir

የአሸዋ መጫወቻ

buai

ዥዋዥዌ

mainan

መጫወቻዎች

konsol permainan video

የቪዲዮ መጫወቻ

basikal roda tiga

ባለ ሶስት ጎማ ብስክሌት

anak patung beruang

የአሻንጉሊት ድብ

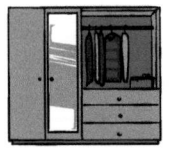

almari pakaian

ቁምሳጥን

pakaian

አልባሳት

stoking

ካልሲዎች

stoking

ስቶኪንጎች

ketat

ታይት

skarf
የአንገት ልብስ

payung
ጃንጥላ

kemeja-t
ከናቴራ

keselamatan

kasut sukan
ስኒከሮች

but
ቦቲ

selipar
የቤት ውስጥ ነጠላ
ጫማ

sandal

ነጠላ ጫማዎች

kasut

ጫማዎች

but getah

የዝናብ ቡትስ

seluar dalam

ሙታንታ

coli

ጡት መያዣ

ves

ሰደርያ

badan

ሰዉነት

Seluar panjang

ሱሪዎች

jean

ጅንስ

skirt

ጉርድ ቀሚስ

blaus

ሸሚዝ

kemeja

ሸሚዝ

baju panas sarung

የሚጠለቅ ሹራብ

sweater

ሹራብ

blazer

ዩኒፎርም ጃኬት

jaket

ጃኬት

kot

ኮት

baju hujan

የዝናብ ኮት

kostum

ልብስ

pakaian

ቀሚስ

baju pengantin

የሙሽራ ቀሚስ

sut

ሱፍ

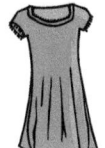

baju tidur

የለሊት ልብስ

baju tidur

የለሊት ልብስ

sari

ረጅም ቀሚስ

skarf kepala

ሂጃብ

serban

ጥምጣም

burqa

ቡርቃ

kaftan

ሽርጥ

abaya/jubah

አባያ

baju renang

የዋና ልብስ

seluar renang

አጭር ቁምጣ

seluar pendek

ቁምጣዎች

sut balapan

የስራ ቱታ

apron

ሽርጥ

sarung tangan

ጓንት

butang

ቁልፍ

cermin mata

መነፅር

gelang tangan

አምባር

rantai leher

የአንገት ሀብል

cincin

ቀለበት

subang

የጆሮ ጌጥ

topi

ኮፍያ

penyangkut kot

የኮት መስቀያ

topi

ኮፍያ

tali leher

ክረቫት

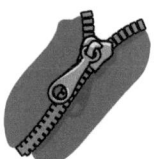

zip

ዚፕ

topi keledar

የብረት ቆብ

pendakap

መደገፊያ

uniform sekolah

የትምህርት ቤት የደንብ ልብስ

seragam

የደንብ ልብስ

lapik dada

መሃረብ

palsu

የእንጀራ እናት ጡጦ

lampin

ሽንት ጨርቅ

pejabat

ቢሮ

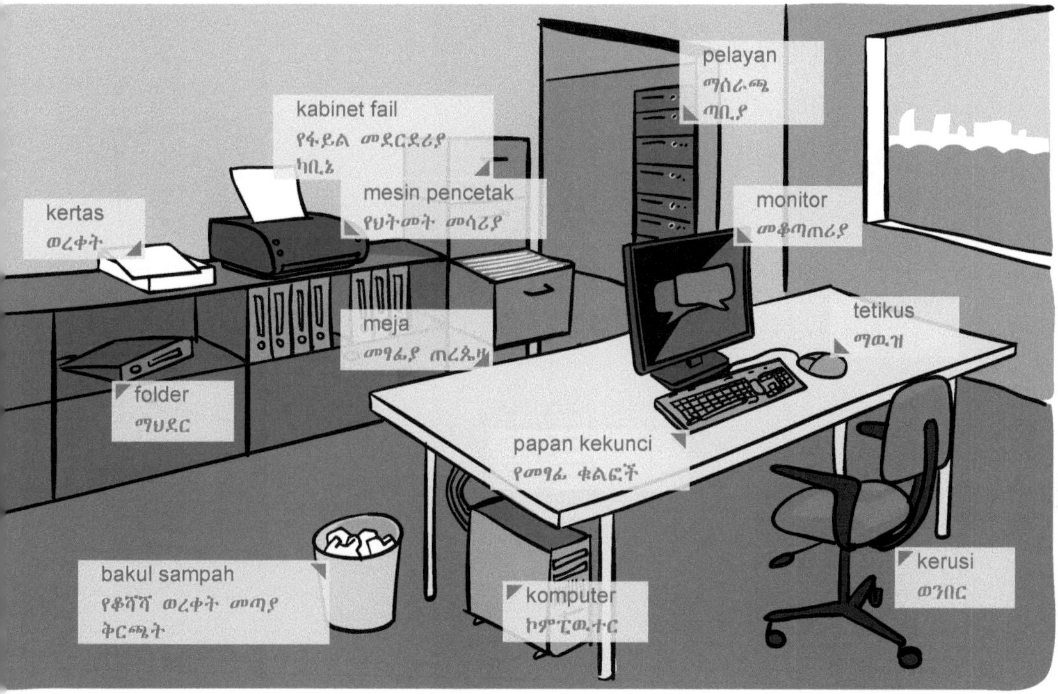

pelayan
ማሰራጫ
ጣቢያ
kabinet fail
የፋይል መደርደሪያ
ካቢኔ
mesin pencetak
የህትመት መሳሪያ
kertas
ወረቀት
monitor
መቆጣጠሪያ
meja
መፃፊያ ጠረጴዛ
tetikus
folder
ማህደር
papan kekunci
bakul sampah
የቆሻሻ ወረቀት መጣያ
ቅርጫት
komputer
ኮምፒዉተር
kerusi
ወንበር

cawan kopi

የቡና መጠጫ ትልቅ ኩባያ

kalkulator

ማስልያ ማሽን

internet

ኢንተርኔት

komputer riba

ላፕቶፕ

surat

ደብዳቤ

mesej

መልዕክት

mudah alih

ተንቀሳቃሽ ስልክ

rangkaian

የግንኙነት አዉታር

mesin fotokopi

ማባዣ ማሽን

perisian

ሶፍትዌር

telefon

ስልክ

soket plag

የግድግዳ ሶኬት

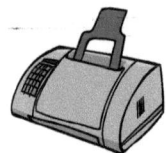

mesin faks

የፋክስ ማሽን

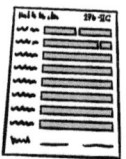

bentuk

ቅፅ

dokumen

ሰነድ

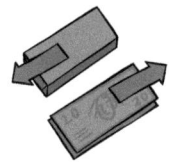

beli

መግዛት

bayar

መክፈል

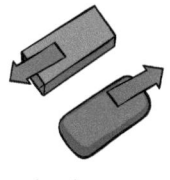

berdagang

መነገድ

wang

ገንዘብ

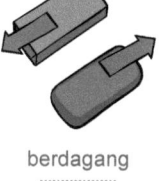

dolar

ዶላር

euro

ዩሮ

yen

የን

rubel

ሩብል

franc swiss

የስዊዝ ፍራንክ

renminbi yuan

ሬንሚንቢ ዩዋን

rupee

ሩጲ

mata tunai

የገንዘብ ነጥብ

pejabat tukaran mata wang

የዉጭ ገንዘብ ምንዛሪ ቢሮ

emas

ወርቅ

perak

ብር

minyak

ዘይት

tenaga

ሀይል፤ ጉልበት

harga

ዋጋ

kontrak

ግንኙነት

cukai

ቀረጥ

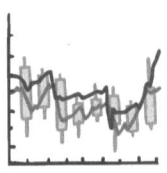

stok

አክስዮን

kerja

መስራት

pekerja

ተቀጣሪ

majikan

ቀጣሪ

kilang

ፋብሪካ

kedai

ሱቅ

ekonomi - ኢኮኖሚ

pekerjaan
የስራ ሙያዎች

pegawai polis
የፖሊስ አዛዥ
ahli bomba
የእሳት አደጋ ሰራተኛ
tukang masak
ምግብ አብሳይ
doktor
ዶክተር
juruterbang
አብራሪ

tukang kebun

አትክልተኛ

tukang kayu

አናጢ

tukang jahit

ልብስ ሰፊ ሴት

hakim

ዳኛ

ahli kimia

ቀማሚ

pelakon

ተዋናይ

pemandu bas

የአዉቶቢስ ሹፌር

pemandu teksi

የታክሲ ሹፌር

nelayan

አሳ አጥማጅ

wanita pencuci

ፅዳት ሰራተኛ

kasau

የጣራ ሰራተኛ

pelayan

አስተናጋጅ

pemburu

አዳኝ

pelukis

ሰዓሊ

bakeri

ጋጋሪ

juruelektrik

የኤሌትሪክ ሰራተኛ

pembangun

ገምቢ

jurutera

መሃንዲስ

penjual daging

ልኳንዳ

tukang paip

የቧንቧ ሰራተኛ

posmen

የፖስታ ሰራተኛ

askar

ወታደር

arkitek

መሃንዲስ

juruwang

የሒሳብ ሰራተኛ

kedai bunga

አበባ ሻጭ

pendandan rambut

የፀጉር ሰራተኛ

konduktor

ቲኬት ቆራጭ

mekanik

መካኒክ

kapten

ካፒቴን

doktor gigi

የጥርስ ሐኪም

ahli sains

ተመራማሪ

tuhanku

መምህር

imam

የሙስሊም ሃይማኖታዊ መሪ

sami

መነኩሴ

paderi

ካህን

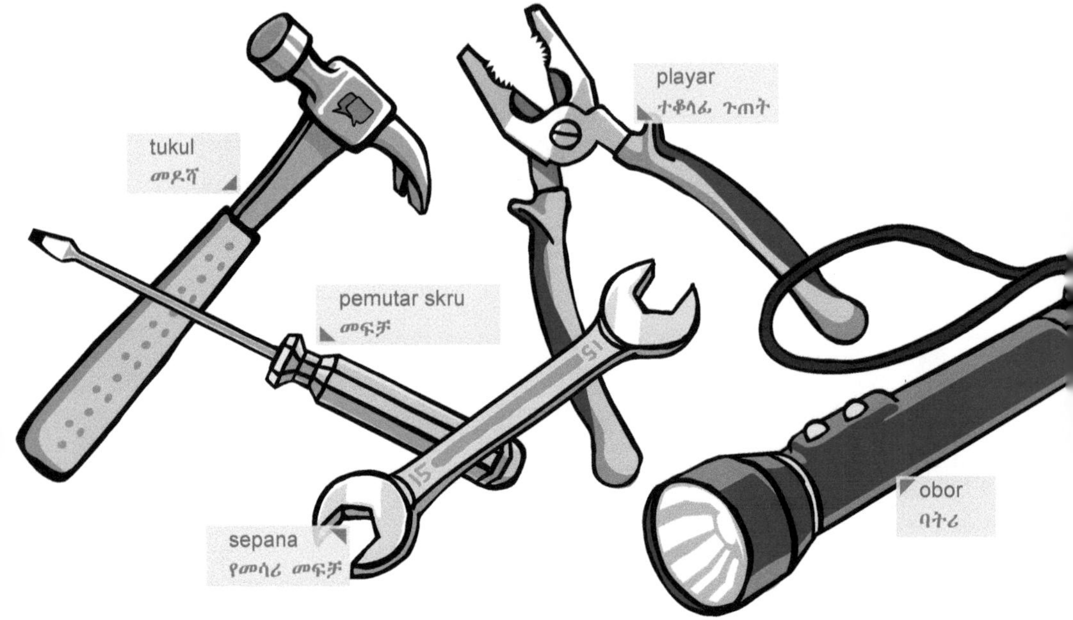

tukul
መዶሻ
playar
ተቆላፊ ጉጠት
pemutar skru
መፍቻ
sepana
የመሳሪ መፍቻ
obor
ባትሪ

pengorek

....

በቁፋሮ የሚዝቅ

kotak peralatan

....

የመፍቻ ሳጥን

tangga

....

መሰላል

gergaji

....

መጋዝ

kuku

....

ምስማር

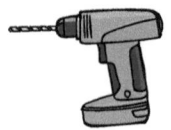

gerudi

....

መሰርሰሪያ

baiki

መጠገን

penyodok

አካፋ

Celaka!

የተረገመ!

penadah sampah

ቆሻሻ ማፈሻ

periuk cat

የቀለም ቆርቆሮ

skru

ብሎን

alat muzik

ሙዚቃ መሳሪያዎች

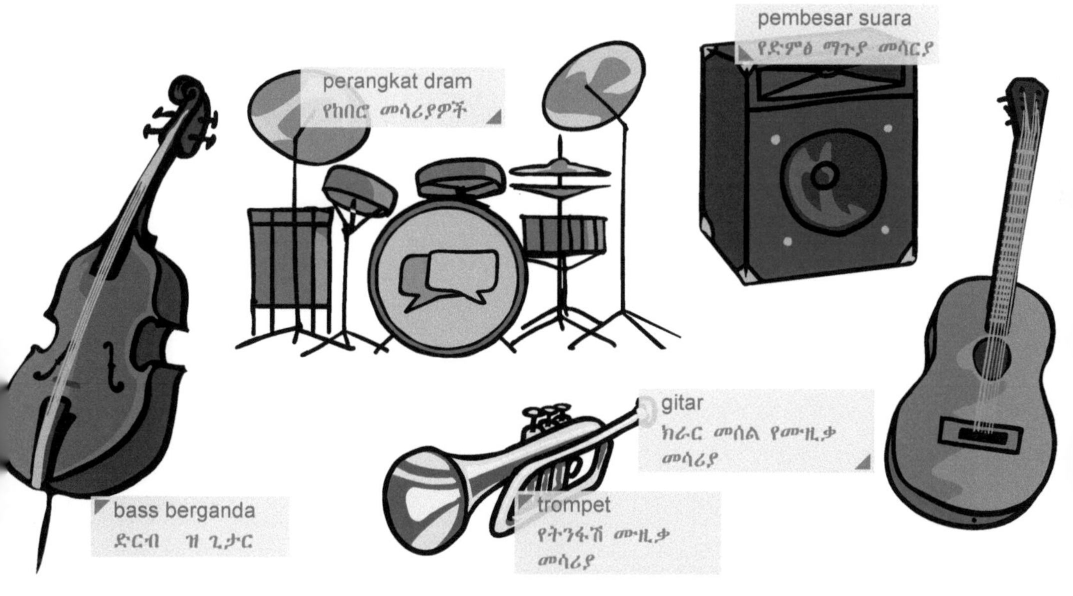

pembesar suara
የድምፅ ማጉያ መሳርያ
perangkat dram
የከበሮ መሳሪያዎች
gitar
ክራር መሰል የሙዚቃ መሳሪያ
bass berganda
ድርብ ዝ ጊታር
trompet
የትንፋሽ ሙዚቃ መሳሪያ

piano

ፒያኖ

biola

ቫዮሊን

bass

ወፍራም ፤ ጎርናና ድምፅ ያለዉ ክራር መሰል ሙዚቃ መሳሪያ

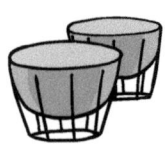

timpani

ነጋሪት

dram

ከበሮ

papan kekunci

በኤሌክትሪክ የሚሰራ ፒኖ

saksofon

የትንፋሽ ሙዚቃ መሳሪያ

seruling

ዋሽንት

mikrofon

የድምፅ ማጉያ

ZOO

የደር እንስሳት ማቆያ

pintu masuk
መግቢያ
harimau
ነብር
sangkar
ሳጥን
zebra
የሜዳ አህያ
makanan haiwan
የእንስሳ ምግብ
panda
ትልቅ ድብ

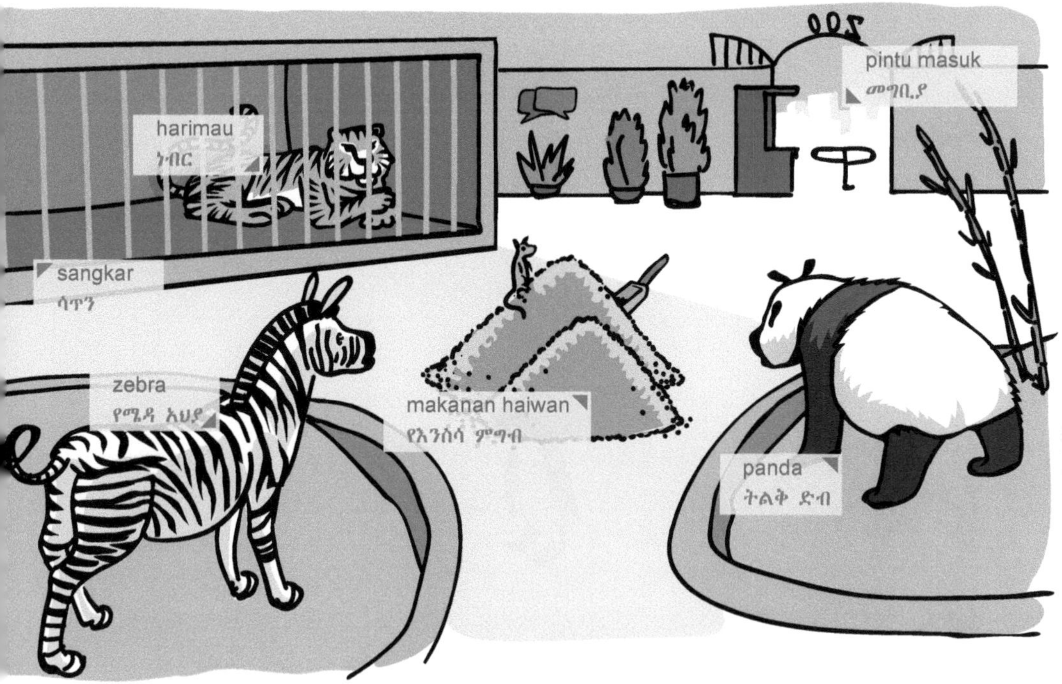

haiwan

እንስሳቶች

gajah

ዝሆን

kanggaru

ካንጋሮ

badak sumbu

አዉራሪስ

gorila

ትልቅ ዝንጀሮ

beruang

ድብ

unta

ግመል

burung unta

ሰጎን

singa

አንበሳ

monyet

ጦጣ

flamingo

ቅልጥመ ረዥም ወፍ

nuri

በቀቀን

beruang kutub

የወዋልታ ድብ

penguin

የዋልታ ወፎች

yu

ረጅም ጥርሶች ያሉትአሳ ነባሪ

merak

ጣዎስ

ular

እባብ

buaya

አዞ

penjaga zoo

የዱር አራዊት የሚጠበቁበት ማቆያን የሚጠብቅ

anjing laut

አሳ በሊታ የባህር እንስሳ

jaguar

የዱር ድመት

kuda

ድንክ ፈረስ

harimau

ነብር

badak air

ጉማሬ

zirafah

ቀጭኔ

helang

ንስር

babi jantan

ከርከሮ

ikan

አሳ

penyu

የባህር ኤሊ

anjing laut

የባህር አዉሬ

musang

ቀበሮ

rusa

የሜዳ ፍየል፤ ሚዳቋ

sukan
የስፖርት አይነቶች

bola sepak Amerika
የአሜሪካ እግርኳስ
berbasikal
የብስክሌት ስፖርት
tenis
ቴኒስ
bola keranjang
የቅርጫት ኳስ
renang
ዋና
tinju
የቡጢ ስፖርት
hoki ais
የበረዶ ላይ የገና ጨዋታ

bola sepak

እግር ኳስ

badminton

የላባ ኳስ ጨዋታ

olahraga

አትሌቲክስ

bola baling

የእጅ ኳስ ስፖርት

ski

የበረዶ መንሸራተት ስፖርት

polo

ፈረስ ግልቢያ

ketawa
መሳቅ

lompat
መዝለል

peluk
ማቀፍ

berjalan
መራመድ

menyanyi
መዘመር

mimpi
ህልም ማለም

berdoa
መፀለይ

cium
መሳም

tulis
መፃፍ

lukis
መሳል

tunjuk
ማሳየት

tolak
መግፋት

beri
መስጠት

ambil
መዉሰድ

ada

መያዝ

buat

ማድረግ

ialah

መሆን

berdiri

መቆም

lari

መሮጥ

tarik

መሳብ

buang

መወርወር

jatuh

መዉደቅ

tipu

መዋሸት

tunggu

መጠበቅ

bawa

መሸከም

duduk

መቀመጥ

pakai

መልበስ

tidur

መተኛት

bangkit

መንቃት

lihat pada

መመልከት

menangis

ማለልቀስ

strok

መጫር

sikat

ማበጠር

cakap

ማዉራት

faham

መረዳት

tanya

ጥያቄ

dengar

ማዳመጥ

minum

መጠጣት

makan

መብላት

mengemas

ማንፃት

sayang

ማፍቀር

masak

ምግብ ማብሰል

pandu

መንዳት

terbang

መብረር

belayar

መርከብ መንዳት

kira

ቁጥሮችን ማስላት

baca

ማንበብ

belajar

መማር

kerja

መስራት

nikah

ማግባት

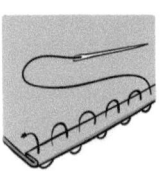

jahit

መስፋት

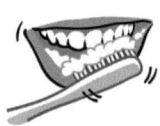

memberus gigi

ጥርስ መቦረሽ

bunuh

መግደል

asap

ማጨስ

hantar

መላክ

nenek
የሴት አያት
datuk
የወንድ አያት
bapa
አባት
ibu
እናት
bayi
ህፃን
anak perempuan
ሴት ልጅ
anak lelaki
ወንድ ልጅ

tetamu

እንግዳ

mak cik

አክስት

pak cik

አጎት

abang

ወንድም

kakak

እህት

badan

አካል

dahi
ግንባር
mata
አይን
bahu
ትከሻ
jari
ጣት
muka
ፊት
dagu
አገጭ
tangan
እጅ
kaki
እግር
dada
ጡት
lengan
ክንድ

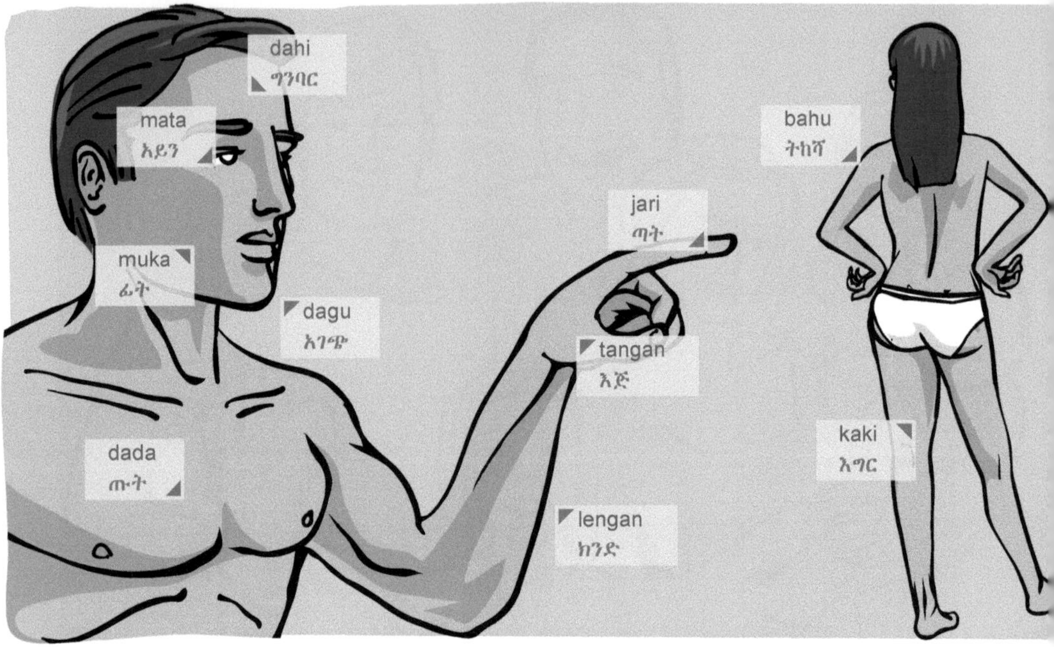

bayi

ህፃን

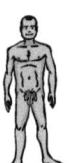

lelaki

ሰዉ

wanita

ሴት

perempuan

ልጃገረድ

lelaki

ወንድ ልጅ

kepala

ራስ

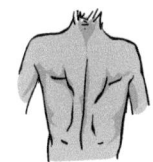

belakang

ጀርባ

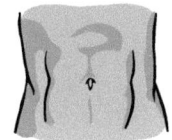

bawah perut

ሆድ

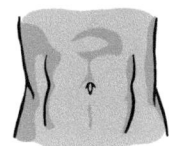

pusat

እምብርት

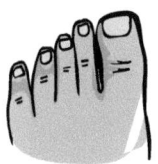

jari kaki

የእግር ጣት

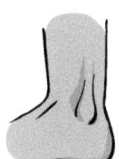

tumit

ተረከዝ

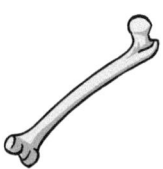

tulang

አጥንት

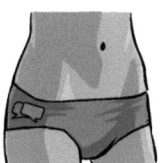

pinggul

ዳሌ

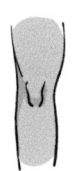

lutut

ጉልበት

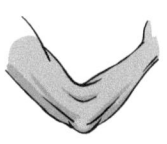

siku

ክርን

hidung

አፍንጫ

bawah

ቂጥ

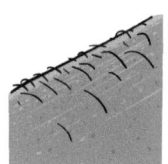

kulit

ቆዳ

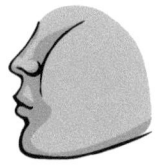

pipi

ጉንጭ

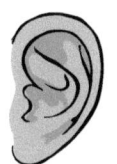

telinga

ጆሮ

bibir

ከንፈር

mulut

አፍ

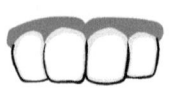

gigi

ጥርስ

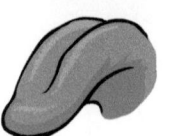

lidah

ምላስ

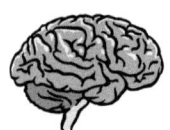

otak

አንጎል

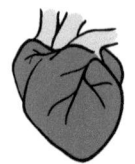

hati

ልብ

otot

ጡንቻ

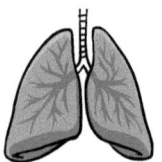

paru-paru

ሳምባ

hati

ጉበት

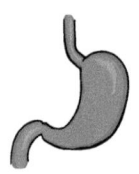

perut

ሆድ

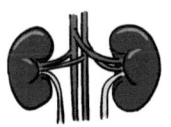

buah pinggang

ኩላሊቶች

seks

የግብረስጋ ግንኙነት

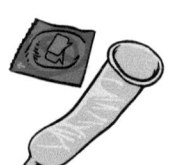

kondom

ኮንዶም

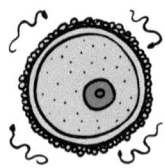

faraj

የሴት እንቁላል

mani

የዘር ፈሳሽ

mengandung

እርግዝና

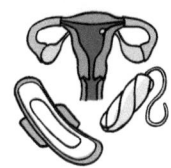

haid

የወር አበባ

faraj

እምስ

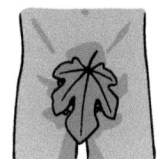

penis

ቁላ

kening

ቅንድብ

rambut

ፀጉር

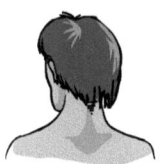

leher

አንገት

hospital

ሆስፒታል

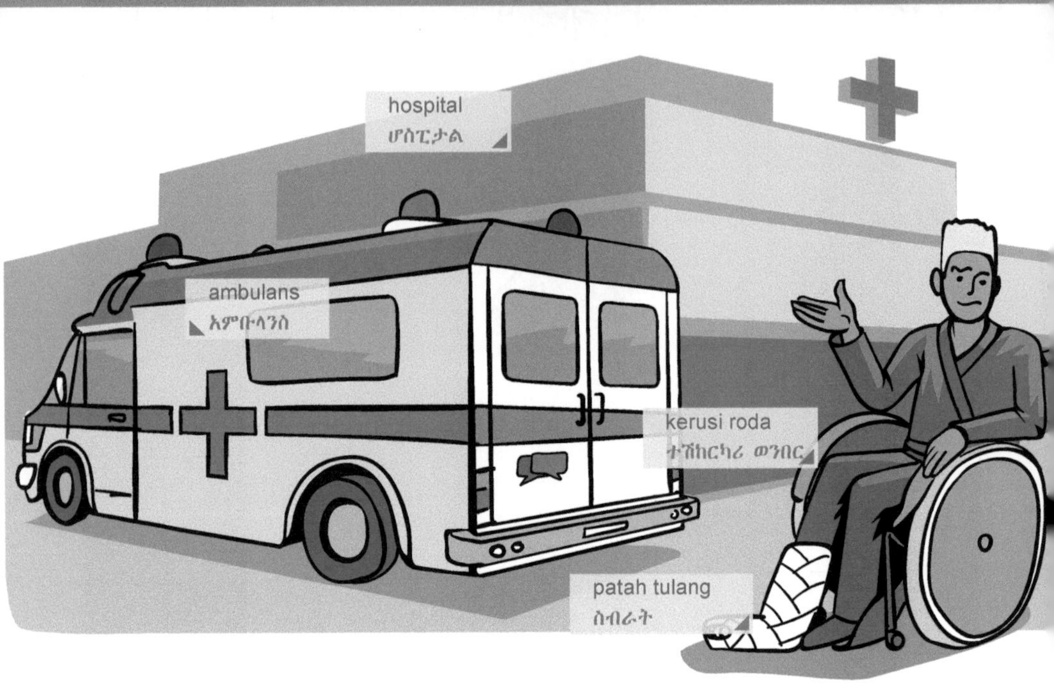

hospital
ሆስፒታል
ambulans
አምቡላንስ
kerusi roda
ተሽከርካሪ ወንበር
patah tulang
ስብራት

doktor

ዶክተር

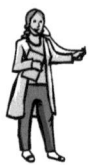

bilik kecemasan

ድንገተኛ ክፍል

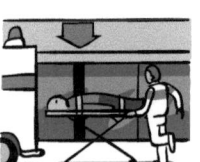

jururawat

ነርስ

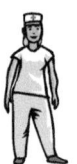

kecemasan

ድንገተኛ

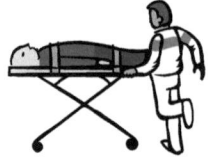

tak sedar

ራስን መሳት/ አለማወቅ

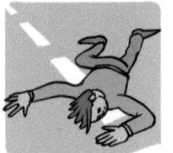

sakit

ህመም

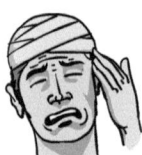

kecederaan

ጉዳት

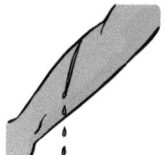

pendarahan

መድማት

serangan jantung

የልብ ድካም

strok

ስትሮክ

alergi

አለርጂ

batuk

ሳል

demam

ትኩሳት

selesema

ኢንፍሎዌንዛ

cirit-birit

ተቅማጥ

sakit kepala

የራስ ምታት

kanser

ካንሰር

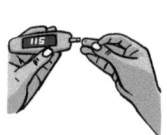

diabetes

የስኳር በሽታ

pakar bedah

ቀዶ ጠጋኝ ሐኪም

pisau bedah

የቀዶ ጥገና ስለት

pembedahan

ቀዶ ጥገና

CT

ሲቲ

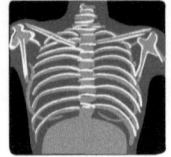

x-ray

ኤክስሬዩ

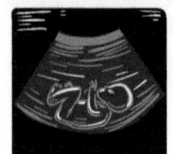

ultrabunyi

አልትራሳዉንድ

topeng muka

የፊት ጭምብል

penyakit

በሽታ

bilik menunggu

መጠበቂያ ክፍል

penongkat

ምርኩዝ

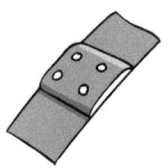

plaster

የቁስል ማሸጊያ

pembalut

ፋሻ

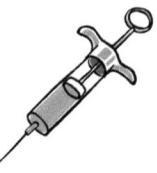

suntikan

መርፌ

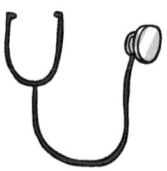

stetoskop

የልብ ምት ማዳመጫ መሳሪያ

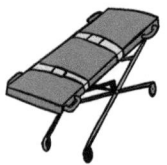

pengusung

የበሽተኛ አልጋ

termometer klinik

የህክምና ሙቀት መለኪያ መሳሪያ

kelahiran

መውለድ

berat badan berlebihan

ክልክ ያለፈ ክብደት

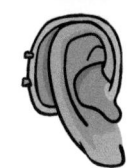

alat pendengaran

ለመስማት የሚረዳ መሳሪያ

disinfektan

ፀረ ተባይ መድሀኒት

jangkitan

ማመርቀዝ

virus

ቫይረስ

HIV / AIDS

ኤች አይቪ ኤድስ

perubatan

ህክምና

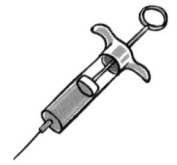

vaksinasi

ክትባት

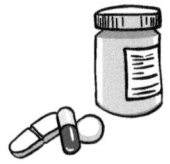

tablet

ኪኒን

pil

ኪኒን

panggilan kecemasan

አስቸኳይ የስልክ ጥሪ

pantau tekanan darah

ደም ግፊት መቆጣጠሪያ

sakit / sihat

ህመም/ ጤንነት

kecemasan

ድንገተኛ

Tolong!

እርዳታ!

penggera

ማንቂያ ደዉል

serang

ጥቃት

serangan

ድብደባ

bahaya

አደጋ

pintu kecemasan

የድንገተኛ መዉጫ

Api!

እሳት!

alat pemadam api

እሳት ማጥፊያ

kemalangan

አደጋ

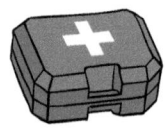

alat pertolongan cemas

የመጀመሪያ እርዳታ መድሃኒት መያዣ

SOS

ነፍስ አድን

polis

ፖሊስ

Eropah

አዉሮፓ

Amerika Utara

ሰሜን አሜሪካ

Amerika Selatan

ደቡብ አሜሪካ

Afrika

አፍሪካ

Asia

እስያ

Australia

አዉስትራሊያ

Atlantic

አትላንቲክ

Pasifik

ፓስፊክ

Lautan Hindi

የህንድ ዉቅያኖስ

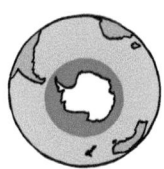

Lautan Antartik

አንታርክቲክ ዉቅያኖስ

Lautan Artik

አርክቲክ ዉቅያኖስ

Kutub utara

ሰሜን ዋልታ

Kutub Selatan

ደቡብ ዋልታ

Antartika

አንታርክቲካ

bumi

ምድር

tanah

መሬት

laut

ባህር

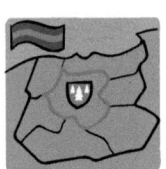

pulau

ደሴት

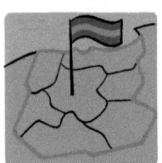

negara

አገርና ህዝብ

negeri

መንግስት

jam

ሰዓት

muka jam

የሰዓት ገፅታ

tangan jam

ሰዓት

tangan minit

ደቂቃ

terpakai

ሴኮንድ

Jam berapa sekarang

ስንት ሰዓት ነው?

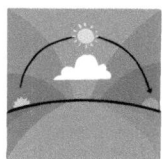

hari

ቀን

masa

ጊዜ

sekarang

አሁን

jam digital

የቁጥር ሰዐት

minit

ደቂቃ

jam

ሰዓታት

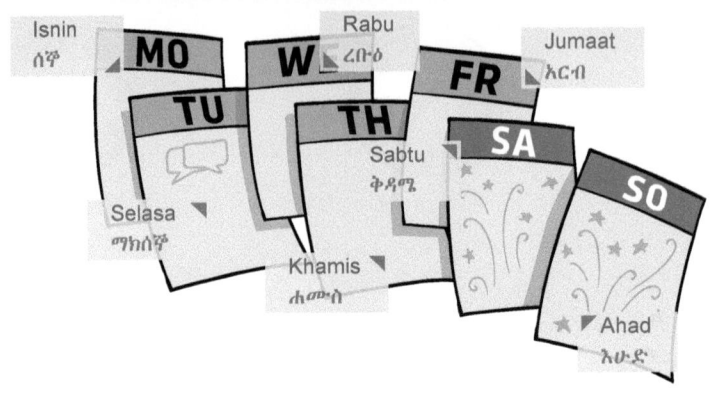

minggu

ሳምንት

MO
TU
W
TH
FR
SA
SO
Isnin
ሰኞ
Selasa
ማክሰኞ
Rabu
ረቡዕ
Khamis
ሐሙስ
Jumaat
Sabtu
ቅዳሜ
Ahad
እሁድ

semalam

ትላንት

hari ini

ዛሬ

esok

ነገ

pagi

ማለዳ

tengah hari

ቀትር

petang

ምሽት

MO TU WE TH FR SA SU

hari kerja

የስራ ቀናት

MO TU WE TH FR SA SU

hari minggu

የዕረፍት ቀናት

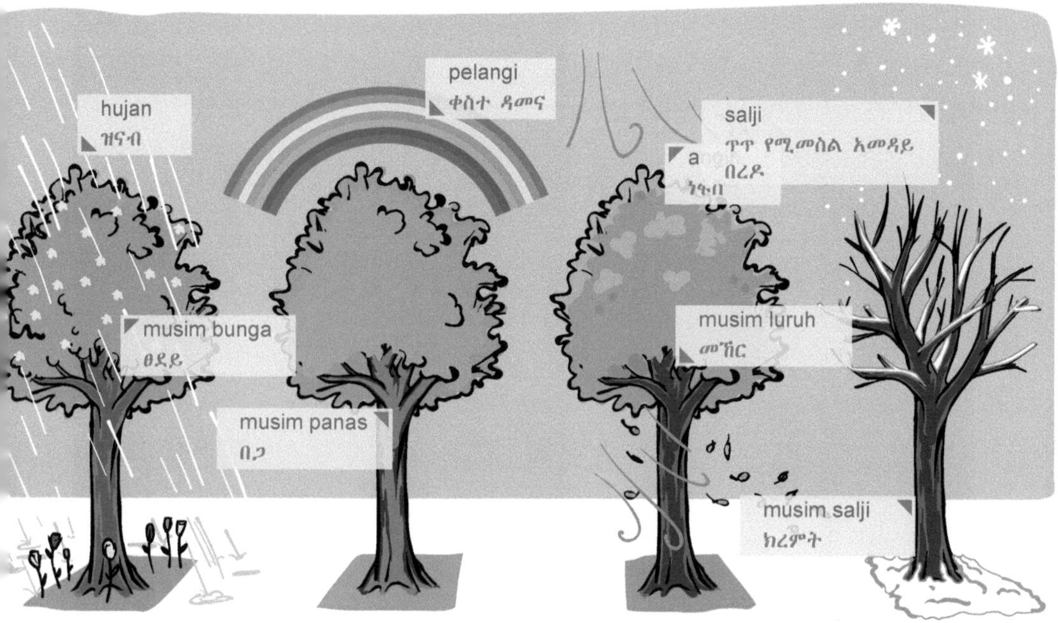

hujan
ዝናብ
pelangi
ቀስተ ዳመና
a
ነፋበ
salji
ጥጥ የሚመስል አመዳይ
በረዶ
musim bunga
ፀደይ
musim panas
በጋ
musim luruh
መኸር
musim salji
ክረምት

4.APRIL 11°
5.APRIL 4°
6.APRIL 13°
7.APRIL 8°
8.APRIL 10°

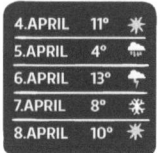

ramalan cuaca

....

የአየር ሁኔታ ትንበያ

F
C
120
90
60
30
0
-30
40
30
20
10
0
-10
-20

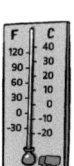

termometer

....

የሙቀት መለኪያ

sinar matahari

....

የፀሀይ ሙቀት

awan

....

ደመና

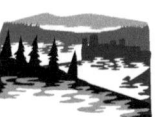

kabus

....

ጭጋግ

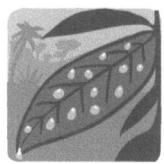

lembapan

....

እርጥበታማነት

kilat

መብረቅ

petir

ነጎድጓድ

ribut

አዉሎ ንፋስ

hujan batu

የበረዶ ዝናብ

monsun

አዉሎ ንፋስ

banjir

ጎርፍ

ais

በረዶ

Januari

ጥር

Februari

የካቲት

Mac

መጋቢት

April

ሚያዚያ

Mei

ግንቦት

Jun

ሰኔ

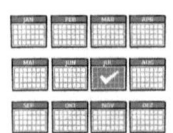

Julai

ሐምሌ

Ogos

ነሀሴ

tahun - ዓመት

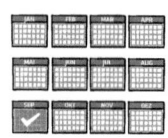

September

መስከረም

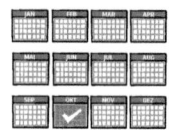

Oktober

ጥቅምት

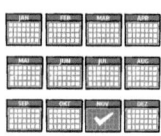

November

ህዳር

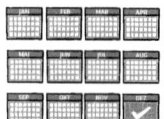

Disember

ታህሳስ

bentuk

ቅርፆች

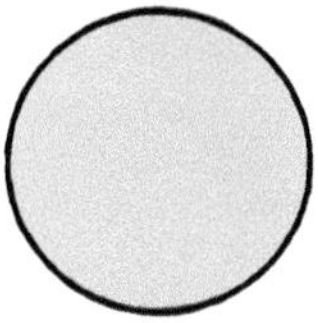

bulatan

ክብ

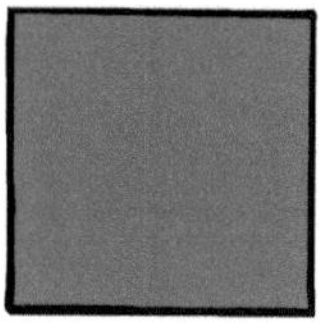

petak

አራት ማዕዘን

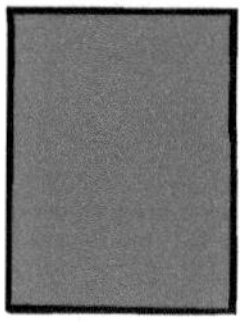

segi empat tepat

አራት ቀጥተኛ ማዕዘኖች ጎኖች ያሉት ቅርፅ

segitiga

ሶስት ማዕዘን

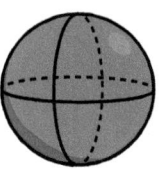

sfera

ሉል

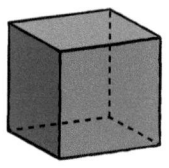

kiub

ስድስት ጎን ያለዉ ቅርፅ

warna

ቀለማት

putih

ነጭ

kuning

ቢጫ

oren

ብርቱካናማ

merah jambu

ሮዝ

merah

ቀይ

ungu

ወይን ጠጅ

biru

ሰማያዊ

hijau

አረንጓዴ

coklat

ቡኒ

kelabu

ግራጫ

hitam

ጥቁር

banyak / sedikit

....

ብዙ/ ጥቂት

marah / tenang

....

ንዴት/ እርጋታ

cantik / hodoh

....

ቆንጆ/ አስቀያሚ

bermula / tamat

....

ጅማሬ/ ፍፃሜ

besar kecil

....

ትልቅ/ ትንሽ

terang / gelap

....

ማቅ/ ብዛዛ

abang / kakak

....

ወንድም/ እህት

bersih / kotor

....

ንፁህ/ ቆሻሻ

lengkap / tidak lengkap

....

የተሟላ/ ያልተሟላ

hari / malam

....

ቀን/ ምሽት

mati / hidup

....

የሞተ/ ህያዉ

luas / sempit

....

ሰፊ/ ጠባብ

boleh dimakan / tidak boleh dimakan

የሚበላ/ የማይበላ

jahat / baik

ክፉ/ ደግ

teruja / bosan

ደስተኛ/ ድብርተኛ

gemuk / kurus

ወፍራም/ ቀጭን

pertama / terakhir

መጀመርያ/ መጨረሻ

kawan / musuh

ጓደኛ/ ጠላት

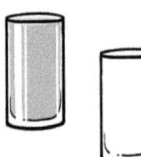

penuh / kosong

ሙሉ/ ጎዶሎ

keras / lembut

ጠንካራ/ ለስላሳ

berat / ringan

ከባድ/ ቀላል

lapar / dahaga

ረሃብ/ ጥማት

sakit / sihat

ህመም/ ጤንነት

menyalahi undang-undang / undang-undang

ህገወጥ/ ህጋዊ

pintar / bodoh

ጎበዝ/ ደደብ

kiri / kanan

ግራ/ ቀኝ

dekat / jauh

ቅርብ/ ሩቅ

baru / lama

አዲስ/ አሮጌ

tiada / sesuatu

ምንም/ የሆነ ነገር

tua / muda

ሽማግሌ/ ወጣት

hidup / mati

የበራ/ የጠፋ

terbuka / tertutup

ክፍት/ ዝግ

diam / bising

ፀጥታ/ ጫጫታ

kaya / miskin

ሃብታም/ ደሃ

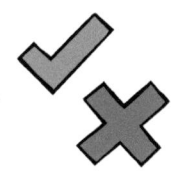

betul / salah

ትክክለኛ/ የተሳሳተ

kasar / halus

ሻካራ/ ለስላሳ

sedih / gembira

ሐዘን/ ደስታ

pendek / panjang

አጭር/ ረዥም

lambat / laju

ዝግተኛ/ ፈጣን

basah / kering

እርጥብ/ ደረቅ

panas / sejuk

ሞቃት/ ቀዝቃዛ

berperang / berdamai

ጦርነት/ ሰላም

nombor

ቁጥሮች

0	1	2
sifar	satu	dua
ዜሮ	አንድ	ሁለት
3	4	5
tiga	empat	lima
ሶስት	አራት	አምስት
6	7	8
enam	tujuh	lapan
ስድስት	ሰባት	ስምንት
9	10	11
sembilan	sepuluh	sebelas
ዘጠኝ	አስር	አስራ አንድ

12

dua belas

አስራ ሁለት

13

tiga belas

አስራ ሶስት

14

empat belas

አስራ አራት

15

lima belas

አስራ አምስት

16

enam belas

አስራ ስድስት

17

tujuh belas

አስራ ሰባት

18

lapan belas

አስራ ስስምንት

19

Sembilan belas

አስራ ዘጠኝ

20

dua puluh

ሃያ

100

ratus

መቶ

1.000

ribu

ሺህ

1.000.000

juta

ሚሊዮን

bahasa-bahasa

ቋንቋዎች

Bahasa Inggeris

እንግሊዝኛ

Bahasa Inggeris Amerika

የአሜሪካ እንግሊዝኛ

Bahasa Cina Mandarin

የቻይና ማንዳሪን

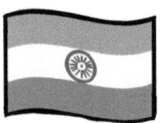

Bahasa Hindi

ሂንዱ

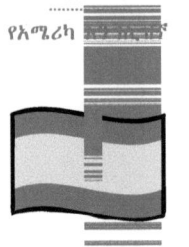

Bahasa Sepanyol

ስፓኒሽ

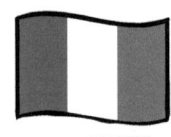

Bahasa Perancis

ፍሬንች

Bahasa Arab

አረብኛ

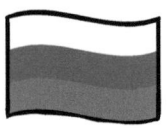

Bahasa Rusia

ራሺያኛ

Bahasa Portugis

ፖርቱጋልኛ

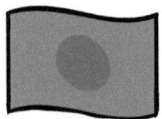

Bahasa Benggali

ቤንጋሊ

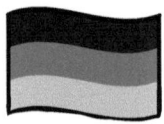

Bahasa Jerman

ጀርመን

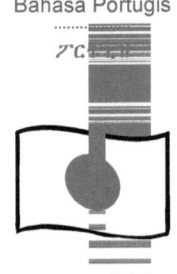

Bahasa Jepun

ጃፓንኛ

siapa / apa / bagaimana

ማን/ ምን/ እንዴት

saya

እኔ

anda

አንተ

dia / dia / ia

እሱ/ እርሷ/ እቃዉ

kita

እኛ

anda

አንተ

mereka

እነርሱ

siapa?

ማን?

apa?

ምን?

bagaimana?

እንዴት?

di mana?

የት?

bila?

መቼ?

nama

ስም

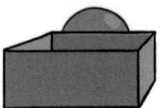

di mana

የት

belakang

በስተጀርባ

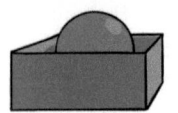

dalam

ዉስጥ

di hadapan

ከፊት ለፊት

lebih

ከላይ

pada

ላይ

di bawah

ከስር

bersebelahan

አጠገብ

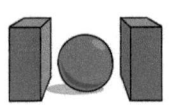

antara

መሃከል

tempat

ቦታ